小さい頃、ぼくは食べることが好きではありませんでした。
実は、野菜が苦手だったんです。
そんなぼくだったけど、今では食べるの大好き！
なんで"苦手"が"好き"になったのか。
その理由は、よく覚えています。

ある日、親の口元から聞こえてきたシャキ、コリ、チュル……、
この「食べる音」がものすごくおいしそうに聞こえたんです！
この日から、苦手な食べ物が一気に少なくなりました。

嘘のようですが、本当の話。
結局は「きっかけ」があったからなんですね。

この本に載せたあそびは、
食育や園の行事に役立つ楽しさにあふれています。
でも、それだけではありません。
友達ともっと仲よくなったり、
今までできなかったことにチャレンジしたり、
子どもたちにとってそんな「楽しい時間」が増えていく
「きっかけ」になるあそびがたくさん入っています。

さあ、みんなで遊んで、笑顔の輪を広げてくださいね。

シンガーソングあそびライター **小沢かづと**

"食"にちなんだオリジナルソングで
楽しく遊ぼう！うたおう！

本書の特長

"楽しい"がイチバン！食の活動の導入などに

「食育」がテーマの遊び歌です。といっても、堅苦しい内容のものではありません。遊び歌は楽しいことが第一！ 食育の活動を、より盛り上げるための導入などで活用してください。

バラエティ豊かなラインアップ

テーマは、季節の食べ物や行事食、栄養バランスやそしゃくなど、食育に関連したバラエティ豊かなラインアップで、保育の流れにマッチする内容です。

ハイクオリティーなCD付き！

全21曲を収録したCDが付いているので、曲と遊びを覚えるのも簡単。ワクワク、ウキウキ、自然と体が動き出すような曲ばかり！ 手軽にCDで聞けるので、楽器を演奏しなくても曲を流しながら、先生方も、子どもたちと一緒に遊べます。

保育者さんはもちろん、栄養士さんや調理員さんも！

気軽にすぐできる遊び歌は、子どもたちとのコミュニケーションに最適！ 保育者さんだけでなく、栄養士さんや調理員さんもぜひ活用して、子どもたちとの距離をいっそう縮めてください。

小沢かづとの おいしいあそびうた CONTENTS

2 … はじめに

~いただきます！ごちそうさま！~

6 … あさからげんき体操
TRACK 01

8 … ちょうしょくげんき！
TRACK 02

10 … はらへりぺーこ ~ぐうっとモーニング~
TRACK 03

12 … かみかみかーみ もぐもーぐ
TRACK 04

14 … おいしいふしぎ
TRACK 05

17 … おべんとうパラダイス
TRACK 06

20 … おにぎりな きぶん
TRACK 07

22 … たけのこ すぽん！
TRACK 08

24 … まめまーめ
TRACK 09

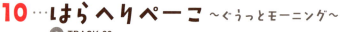

26 … あんむすび
TRACK 10

28 … すいか われるか われないか
TRACK 11

30 … アイラブねばね〜ば
TRACK 12

34 … さんまのサンバ！
TRACK 13

36 … だんごじゅうご
TRACK 14

38 … Oh！いもほり
TRACK 15

40 … Oh！な〜べ
TRACK 16

42 … やさしいおもちやさん
TRACK 17

44 … かぼちゃのメニュー
TRACK 18

47 … 七草リズム
TRACK 19

50 … ぱっくん！えほうまき
TRACK 20

53 … ちらしずし音頭
TRACK 21

元気いっぱい！食事の挨拶

~いただきます！ごちそうさま！~
あさからげんき体操

TRACK 01

ごはんをモリモリ食べて、元気いっぱい体を動かして。
「いただきます！」「ごちそうさま！」と元気に挨拶しよう！

1 ♪あさひるばん いっぱいたべて

「♪あさ」で右手をおなかに当て、左手は外に広げます。「♪ひる」は左手をおなかに当て、右手は外に広げます。「♪ばん」以降も同様に繰り返します。

2 ♪あさひるばん いっぱいあそぼう

1拍ごとに軽くジャンプしながら、頭の上で手拍子をします。

3 ♪おなかのとけいが なりました

両手を大きく広げ、片足を上げたポーズで静止し、バランスを保ちます。

4 ♪ぐぅ〜〜

両手は広げたまま、上げていた足を下ろして立ち、徐々にしゃがみます。

5 ♪いただき　ます

しゃがんだまま、「♪いただき」で両手を顔の前で合わせ、「♪ます」で立ち上がってガッツポーズをします。

6 ♪あっはっはっ　あっはっはっ　ちからがみなぎる
　　あっはっはっ　あっはっはっ
　あさから

|2番| ♪おひるも　|3番| ♪いちにち
|繰り返し部分・4番| ♪まいにち・あさから

げんき

ガッツポーズをした腕を揺らしながら、「♪あっはっはっ」は右足で2回、次の「♪あっはっはっ」は左足で2回、軽くジャンプします。「♪ちからが…」以降も同様に繰り返します。

7 ♪ごちそう　さま

両手を顔の前で合わせ、「♪ごちそう」で軽くおじぎをし、「♪さま」でガッツポーズをします。

おいしく朝ごはん

ちょうしょくげんき！

TRACK 02

朝ごはんをしっかり食べて、みんなで元気いっぱい、
うたって遊んじゃおう！

1 ♪ しょくパン
　　2番　♪ レタス
　　3番　♪ スクランブルエッグ

お互い向き合い、両手で太ももをバタバタたたきます。
2番と3番のレタス、スクランブルエッグも同様の動きを
します。

2 ♪ { げんきげんきげんき / げんきげんき / はじけたくなる　このうまさっ } ×2

両手を開いて、相手と合わせます。体や顔の前など、いろ
いろな方向へ動かします。

2番
♪ { げんきげんきげんき / げんきげんき / つつみたくなる このうまさっ } ×2

3番
♪ { げんきげんきげんき / げんきげんき / わらいたくなる このうまさっ } ×2

ぎゅっと抱き合います。

こちょこちょとくすぐり合いましょう。

朝ごはんで元気！
はらへりぺーこ
～ぐぅっとモーニング～

TRACK 03

リズムに合わせていろいろな食べ物を体で表現してみよう！
テンポを速くしたり、順番を変えたりしながら楽しんでね！

1 ♪ぐぅっと モーニング

2 ♪はらへりぺーこ

＊**1 2**をもう一度繰り返す。

「♪ぐぅっと」で両手をグーにして顔を隠し、「♪モーニング」で両手を開いて大きく広げます。

「♪はら」で右手をおなかに当て、「♪へり」で左手をおなかに当てます。「♪ぺーこ」も同様の動きをします。

3 ♪{ ごはん　たまごやき　なっとう　さけ }×2

4 ♪uh まいっ！

1と同じ動きをする。

ごはんを食べるしぐさをします。

両手を腕の前でグルグルとかいぐりします。

両手を上げて、ジャンプします。

手のひらをひらひら動かし、魚が泳いでいるような動きをします。

両手を合わせて器にし、スープを飲むまねをします。

腕を交差させてから上にあげます。

両手であっかんべーをします。

頭の上で大きな丸を作ります。

よく噛んで食べよう
かみかみかーみ もぐもーぐ
TRACK 04

よく噛むと、体にもよくて、ごはんはもっとおいしいよ。
リズミカルな手遊びで、そしゃくの習慣を身につけよう！

1 ♪かみかみかーみ　もぐもーぐ

両手を口元でパーにして、「♪かみかみかーみ」のリズムに合わせて3回、手のひらを閉じます。「♪もぐもーぐ」は手のひらを自分側に向けて、同様に3回閉じます。

2 ♪ごはん　ごはん
- 2番　♪おにく　おにく ×2
- 3番　♪やさい　やさい

（♪おにく　おにく）

（♪やさい　やさい）

左手を茶わんに、右手を箸に見立てて、茶わんからごはんを口に運ぶしぐさをします。

3 ♪かみかみかーみ　もぐもーぐ
　　よくかんだら

「♪かみかみかーみ」は、❶と同様の動作を、より手の開閉を速くして、自由な回数で行います。「♪もぐもーぐ」は、両肘を外に張り、リズムに合わせて3回、肘が脇腹につくように腕を動かします。「♪よくかんだら」は、「♪かみかみかーみ」と同様にします。

4 ♪のみこむ

両手を拳にして顔が隠れる高さに構え、「♪のみこむ」に合わせて顔が見える位置まで下げていきます。

5 ♪かみかみかーみ　もぐもーぐ

❶の「♪かみかみかーみ　もぐもーぐ」と同様にする。

6 ♪みかくを　きたえる

- 2番　♪おなかが　よろこぶ
- 3番　♪きれいな　はになる

パワー！

両手を拳にして、体の前で左右にすばやく振ります。
「♪パワー！」で拳を高く上げてポーズ！

かみかみかーみ　もぐもーぐ

作詞・作曲／小沢かづと
編曲／本田洋一郎

みんなで楽しく食べる
おいしいふしぎ

TRACK 05

苦手な食べ物も、みんなと一緒だと食べられちゃうよ。
食事は"笑顔で楽しく"がいちばん！ 食卓を囲むように輪になって遊んでね。

---

1 ♪（前奏）

少人数で輪になり、椅子に座って遊びます。リズムに合わせて手拍子をします。
※間奏のときも同様にします。

2 ♪なんで？ なんで？ なんでなんで？

「♪なんで？」で右手をグーにして肘を立て、左手もグーにして右手の肘に添えます。次の「♪なんで？」は手を入れ替えて同様にし、続く「♪なんでなんで？」も同様に繰り返します。

3 ♪みんなでたべると おいしいふしぎ

右手をグーにして突き上げ、左右に振ります。左手は腰に当てます。

4 ♪にがてなものが たべられる
　　2番　♪すきなものが もっとおいしい

左手をグーにして❸と同様にします。「♪る」で、拳を突き上げたまま静止します。

5 ♪「ねぇねぇ はるちゃん にがてなたべものあーるかな？」
　　2番　♪ねぇねぇゆうくん すきなたべものなぁに？

保育者（または輪の中の一人）が、誰か一人を指名して、苦手な食べ物（2番：好きな食べ物）を尋ねます。その間は相手の方を向き、リズムに合わせて手をひらひらと動かします。

6 ♪スリーツーワン　ほいっ

「♪スリーツーワン」で右手の人さし指を立てて振り、「♪ほいっ」で、両手の手のひらを相手にさし出します。

7 ♪「おさかながにがて」
　　（2番）♪「おにぎりがすき」

指名された人は、苦手な食べ物（2番：好きな食べ物）を答えます。

8 ♪「オッケー！　オッケー！
　　みんなでたべると…
　　みんなでたべると…」

「♪オッケー！ オッケー！ みんなでたべると…」で、親指を立てた右手を出したり引っ込めたりします。左手は腰に当てます。次の「♪みんなでたべると…」で、全員が椅子から立ち上がって手をつなぎます。

9 ♪あれ？　あれ？
　　おさかな　たべられた
　　（2番）♪もっと　もっと
　　　　　おにぎり　おいしくなった

手をつないで、みんなで回ります。

15

10 ♪あっはっはっ　おいしいふしぎだね

❾と反対方向に回ります。

11 ♪みんなでたべるとふしぎだね

立ち止まり、リズムに合わせて手を前後に振る。

12 ♪fu〜

両手をつないだままジャンプします。

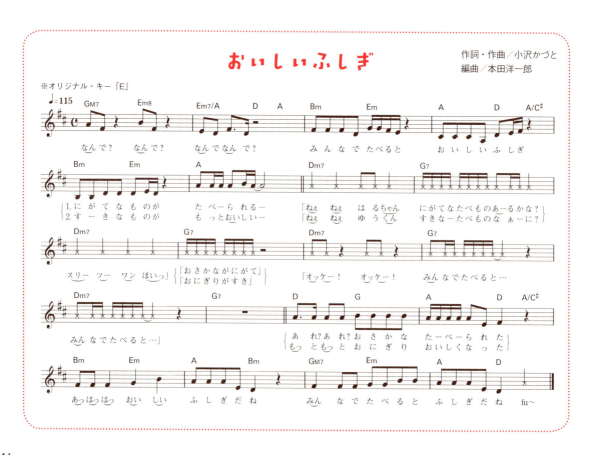

おべんとう大好き！
おべんとうパラダイス

TRACK 06

いろいろなおかずのポーズを楽しみながら、
ワクワク気分を盛り上げちゃおう！

1 ♪だいすき　だいすき（だいすき）

両手をワイパーのように左右に繰り返し動かします。

2 ♪おべんとう

ガッツポーズをしながら「♪おべ」「♪んと」「♪う」で3回、膝を曲げます。

3 ♪ふたをあけたら　そこはパラダイス

開け閉めするしぐさを繰り返します。「♪パラダイス」の「ス」で蓋を閉じたまま待ちます。

4 ♪ぱかっ！

お弁当箱の蓋を開くイメージで、両手をそのまま高く上げます。

5 ♪おにぎり ふたつ （♪イェイ！×２）	♪たまごやき ふたつ （♪イェイ！×２）	♪えびフライ みっつ （♪イェイ！×３）	♪うさぎりんご いっぱい （♪イェーイ！）
	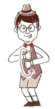		
「♪（イェイ！×２）」で２回、両手の指先を頭上で合わせて三角形を作ります。	「♪（イェイ！×２）」で２回、両手で大きくかいぐりをします。	「♪（イェイ！×３）」で３回、体を曲げてえびのようなポーズでジャンプします。	「♪（イェーイ！）」で、両手でうさぎの耳を表現しながら跳びはねます。

6 ♪だいすき だいすき	7 ♪おべんとうパラダイス	8 ♪ぱかっ！

❶と同様にします。	両手を大きく外側から回してきて、体の前で指先同士をくっつけて大きな輪を作ります（お弁当箱のイメージ）。	お弁当箱の蓋を開くイメージで、両手をそのまま高く上げます。

 ＊❶～❹を繰り返したあと

9 （♪ミートボール ふたつ （♪イェイ！×２）	♪ハンバーグ みっつ （♪イェイ！×３）	♪プチトマト よっつ （♪イェイ！×４）	♪たこウインナー いっぱい （♪イェーイ！））
「♪（イェイ！×２）」で、片手ずつ交互にパンチします。	「♪（イェイ！×３）」で３回、両手で頬をぎゅっと押します。	「♪（イェイ！×４）」で両手を腰に当てて、腰を左右に４回振ります。	「♪（イェーイ！）」で両手を横に広げて、ぐにゃぐにゃと動かします。

3番 ＊❶〜❹を繰り返したあと

❿
♪たまごやき　いっぱい（イェーイ！）
　プチトマト　いっぱい（イェーイ！）
　たこウインナー　いっぱい（イェーイ！）
　うさぎりんご　いっぱい（イェーイ！）

「♪（イェーイ！）」で、それぞれ歌詞に合わせて「たまごやき」
「プチトマト」「たこウインナー」「うさぎりんご」の動作をします。
動作は自由な回数で、思いきり元気よく！

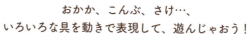

いろんなおにぎり、どれが好き？

おにぎりな きぶん

TRACK 07

おかか、こんぶ、さけ…、
いろいろな具を動きで表現して、遊んじゃおう！

1 ♪おにぎり　ぱくっと　なかみは

両手の指先をくっつけて、おにぎりの形（三角形）を作ります。「♪ぱくっと」でおにぎりを口に近づけ、「♪なかみは」でもとの位置に戻します。

2 ♪おかか！
- 2番　♪こんぶ！
- 3番　♪さけ！
- 4番　♪うめぼし！

3 ♪ぱらぱら×6　　2番　♪ゆらゆら×6

両手を上げてバンザイをします。

おかかをふりかけるイメージで、両手をパーにして、手首の力を抜いてぶらぶらと振ります。

こんぶが海中で揺れているイメージで、両手を上げて、ゆらゆらと前後に揺らします。

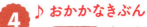

3番	4番	
♪ すいすい×6	♪ すっぱすぱ×6	2番 ♪ こんぶなきぶん 3番 ♪ さけなきぶん 4番 ♪ うめぼしなきぶん

※上記の「4 ♪おかかなきぶん」見出し含む

さけが泳いでいるイメージで、両手を合わせて、いろいろな方向へくねくねと動かします。

すっぱいうめぼしのイメージで、両手で頬をぎゅーっと押して、顔をしわしわにします。

両手をクロスさせて胸に当てます。

春はやっぱり、たけのこ掘り

たけのこ すぽん！

TRACK 08

たけのこに見立てた手を、かけ声に合わせてすばやく動かしてね！
曲のテンポがだんだん速くなるよ。さあ、ついていけるかな！？

1
♪たけのこ　ぐいっ
　たけのこ　ぐいっ×2
　たけのこ　ぐいっ×3

椅子に座り、両手を胸の前で合わせ、少し指を曲げて膨らんだ形（たけのこ）にします。「♪ぐいっ」のときに、両手を顔の高さまで上げて、またもとの高さに戻します。

2
♪まだぬけない

両手は胸の前で合わせたまま、「♪まだ」で首を右に、「♪ぬけ」で左に、「♪ない」で再び右に振ります。

2番

＊2番以降、曲のテンポを少しずつ速くしていきます。

3
♪たけのこ　くる
　たけのこ　くる×2
　たけのこ　くる×3
　まだぬけない

「♪くる」のときに、両手の手首から先をくるりと回します。「♪まだぬけない」は **2** と同様にします。

3番

4
♪たけのこ　やっ
　たけのこ　やっ×2
　たけのこ　やっ×3
　まだぬけない

「♪やっ」のときに、両手を横に倒して、またもとに戻します（最初の「♪やっ」は右に、次の「♪やっ×2」は左→右の順に、次の「♪やっ×3」は左→右→左の順に倒す）。「♪まだぬけない」は **2** と同様にします。

22

4番

5 ♪たけのこ　すぽん
　　たけのこ　すぽん×2
　　たけのこ　すぽん×3

「♪すぽん」のときに、両手を頭上まで上げて、
またもとの高さに戻します。

6 ♪さぁぬけた

そのままの姿勢で待ちます。

7 ♪すぽん！

両手を真上にまっすぐ伸ばし、
椅子から立ち上がります。

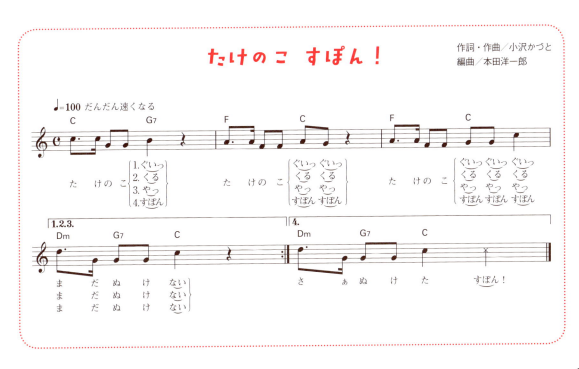

お豆いろいろ

まめまーめ

TRACK 09

いろいろな「豆」で楽しく手遊び！
最後に出てくる豆は、どの豆かな？　みんなで盛り上がる遊び歌だよ！

1 ♪えだ　　まめ

「♪えだ」で人さし指を立てます。
「♪まめ」で人さし指と親指で輪を作ります。

2 ♪そら　　まめ

「♪そら」で手のひらを上に向けて、両腕を上げる。
「♪まめ」は、1と同様に、人さし指と親指で輪を作ります。

3 ♪グリーン　　ピース

「♪グリーン」で手をグーに、「♪ピース」でピースサインの形にします。

4 ♪えだまめ　そらまめ　グリーンピース

＊ 1 〜 3 を繰り返す

5 ♪ まめまめまーめ
　　まーめまーめ
　　まめまめ　まめまめ

6 ♪ { えだまめ！ / そらまめ！ / グリーンピース！ } はいっ！　はいっ！

人さし指と親指で輪を作り、リズムに合わせて左右に動かします。

リーダーが、どれか1つの豆の名前を言います。みんなは、「はいっ！　はいっ！」に合わせて、その豆のジェスチャーをします。

まめまーめ

作詞・作曲／小沢かづと
編曲／本田洋一郎

七夕には、そうめん！
めんむすび

TRACK 10

七夕の行事食はそうめん。
織姫と彦星のようにペアで仲よく楽しめる手遊びだよ！

1 ♪おりひめ　ひこぼし

2 ♪あまのがわで

「♪おり」で自分の手、「♪ひめ」でお互いの右手同士を合わせ、「♪ひこぼし」は反対の手で同様に行います。

自分の手→お互いの両手を合わせるのを、2回繰り返します。

3 ♪ながしそうめん

両手を合わせたまま、弧を描くように手を左右に動かします。

4 ♪ちゅるちゅる　ちゅるちゅる　えんをかんじる

左手でお椀、右手は箸のイメージで、食べるしぐさをします。

5 ♪めんむすび

両手をつなぎ、片側の腕を上げて半回転し、背中合わせになります。逆方向に半回転し、向かい合わせに戻ります。その後、手を離して、他の子を探してペアになり、繰り返し遊びます。

夏はやっぱり、すいか割り

すいか われるか われないか

TRACK 11

ハラハラ、ドキドキ！
すいかわりを遊び歌で楽しんじゃおう！

1 ♪（前奏）

両手をグーにして、腕を振りながら左右に動きます。

2 ♪すいかわり　すいかわり

棒を持つイメージで、腕を頭上に上げて、下へ2回振り下ろします。

3 ♪すいか　われて　パカッ！

「♪すいか われて」で両手で顔を隠し、「♪パカッ！」で両手を開いて顔を見せます。このときに、おもしろい表情をするのがポイントです。

4 ＊**2 3**を繰り返したあと

♪すいか　われるか
われないか

両手を頭上に上げて輪を作り、リズムに合わせて左右に揺れます。

5 ♪すいか　われるか　われないか

右手はグーにして胸の前に、左手は開いて腕を前に伸ばします。同様に左右の手を変えて、交互に4回繰り返します。

6 ♪すいか われた！（パカッ！）
　　われない！（われない！）

❸と同様に、「♪**すいか われた**」で両手で顔を隠します。「♪**パカッ！**」では、両手を開いておもしろい表情をし、「♪**われない！**」では、胸の前で腕を交差して×を作ります。

すいか われるか われないか

作詞・作曲／小沢かづと
編曲／本田洋一郎

栄養満点！ねばねば食材

アイラブねばね〜ば

TRACK 12

ねばねばのちょっと苦手な子も、思わず好きになっちゃう！
ノリのいい曲で遊んじゃおう。

1 ♪（前奏）

リズムに合わせて頭上で大きく手拍子をしながら、足は、右横・左横に交互に一歩ずつ動く要領でステップを踏みます。
※間奏のときも同様にします。

2 ♪ねばー　ねばー　ねばー　ねばねばー　ねばー

「♪ねばー」で、少しかがんでから、右手は斜め上、左手は斜め下に伸ばして、右足で片足立ちになります。次の「♪ねばー」は同じ動作を反対方向で行います。「♪ねばー　ねばねばー　ねばー」も同様に繰り返します。

3 ♪ねばーねばの　いいところ

両手を胸の前でワイパーのように左右に動かし、腰を振りながら、徐々にしゃがんでいきます。

❹ ♪ねばーねばは　すばらしい

❸と逆の要領で徐々に立ち上がり、「♪**すばらしい**」で、バンザイのポーズで止まります。

❺ ♪ねばねーば　ねばねーば

両手を左右交互にばたばたと上げ下げし、大きく後ろに跳ね上げるように足踏みをします。体の向きも、左右にゆっくりと変えます。

❻ ♪なっとう　オクラ　やまいも　もずく　なめこ

「♪**なっとう**」で、右手と右足を右横に開きます。「♪**オクラ**」で、左手と左足を開きます。「♪**やまいも**」で、頭上で両手の指先を合わせて三角形を作ります。「♪**もずく**」で、両手をパーにして前に出し、ぶらぶらと揺らします。「♪**なめこ**」で、腰を振りながら、両手を振り子のように左右に揺らします。

7 ♪ねばねーば　ねばねーば
　　おなかのちょうしを　よくする
　　　　(2番)　♪かぜをひきにくくする
　　♪たべもの　それは
　　　❺❻と同様にします。

8 ♪ねばねば　ねばねば

手と足を、左右交互に大きく回すように動かします（クロールのようなイメージで）。手の指先も動かして、ねばねばした雰囲気を表します。

9 ♪もっと
　　かきまぜて

両手の人さし指を立てて、くるくると指先を回しながら、腰を振ります。

10 ♪ねばねば　ねばねば
　　アイラブねばー

「♪ねばねば　ねばねば」は❽と、「♪アイラブねばー」は❾と同様にします。

11 ♪ねばねーばー

左手は腰に当て、右手は左下から右上に向かってゆっくりと指さしをします。視線も指先といっしょに動かします。

> 秋はやっぱり、さんま！

さんまのサンバ！

TRACK 13

いきのよいさんまをイメージしながら、手足を使って遊ぼう！
みんなで並ぶと、ラインダンスみたいで、とてもきれい。

1 ♪さんまが　およぐ
　　さんまが　およぐ
　　さんまは　さんまのまんま
　　はねた（ 2番 ♪よけた／ 3番 ♪おどる）

床に座って遊びます。両足を前に伸ばして、水泳のバタ足のようにバタバタと動かします。両手も前に伸ばし、バタバタと動かします。

2 ♪さんまが　はねた
　　さんまが　はねた
　　さんまは　さんまのまんま
　　にげた

右足と右手、左足と左手を交互に高く上げて下ろして、跳ねている様子を表現します。

3 ♪さんま　さんま　さんま　さんま

両手をパーにして、「♪さんま　さんま」は右方向に2回、次の「♪さんま　さんま」は左方向に2回、腕を上下に振ります。

4 ♪さんま　さんま　サンバ！

「♪さんま　さんま」は、3と同様に右方向に腕を振ります。「♪サンバ！」の前の休符で膝を両手で1回たたいてから、「♪サンバ！」でバンザイをします。

> **2番**

＊❶を繰り返したあと

♪ さんまが　よけた
　 さんまが　よけた
　 さんまは　さんまのまんま　にげた

両手や両足をクロスさせたり開いたりして、よけている様子を表現します。慣れてきたら、クロスさせるときの足の上下を交互にしてみましょう。

> **3番**

＊❶を繰り返したあと

♪ さんまが　おどる
　 さんまが　おどる
　 さんまは　さんまのまんま　にげた

両手や両足を自由に元気よく動かします。

お月見には、だんご
だんごじゅうご

TRACK 14

お月見にちなんだ楽しい手遊び歌だよ！
リズムに合わせてだんごをいっぱい積み上げよう！

❶ ♪おつきみだんご

両手で輪を作り、左右に揺れます。

❷ ♪いっこ にこ さんこ

「♪いっこ」で左手をグーに、「♪にこ」で右手を左手の上に重ねます。「♪さんこ」で左手を右手の上に動かします。

❸ ♪たくさんつみあげて

手のひらを上にして、両手を上下に動かし、リズムに合わせて左右に動きます。※CD音源の間奏部分では、グータッチなどで友達と触れ合いましょう。

❹ 2番
♪おつきみだんご
　いっこ にこ さんこ よんこ
　ごこ ろっこ
　たくさんつみあげて

「♪おつきみだんご」は❶と同様の動きをします。「♪いっこ～ろっこ」は❷と同様にして、左手→右手の順に6個まで重ねていきます。「♪たくさんつみあげて」は❸と同様。

3番

5 ♪おつきみだんご
　いっこ にこ さんこ よんこ
　ごこ ろっこ ななこ はっこ
　きゅうこ じゅっこ

6 ♪あと ごこ つみあげて
　いち に さん し ご

7 ♪じゅうごや

「♪**おつきみだんご**」は **1** と同様の動きをします。「♪**いっこ〜じゅっこ**」も **2** と同様に、歌詞に合わせて手を順に重ねます。

「♪**あと ごこ つみあげて**」で手をたたき、「♪**いち〜ご**」は **2** と同様に、歌詞に合わせて手を順に重ねます。

両手を上げて、輪を作ります。

だんごじゅうご

作詞・作曲／小沢かづと
編曲／本田洋一郎

Oh！いもほり

いも掘りが近づいてきたらこの遊び。
みんなで盛り上がっちゃおう！

1 ♪Oh！いもほり
　　Oh！いもほり

両手をグーにして合わせるのが基本の形です。基本の形でスタンバイし、「♪Oh！」で両手をパーにして腕を開き、「♪いもほり」は基本の形に戻ります。

2 ♪Oh！いも　Oh！いも
　　おいもいも

「♪Oh！」と「♪おいも」で両手をパーにして腕を開き、「♪いも」で基本の形に戻ります。

3 ♪うんとこどっこい　どんな　いも

両手をグーにして合わせたまま、「♪うんとこ」で腕を下に伸ばします。「♪どっこい」で腕を曲げて両手を顔に近づけます。「♪どんな いも」も同様の動きをします。

4 ♪Oh〜いもっ！

「♪Oh〜いもっ！」は、かいぐりをします。

5 「♪Oh〜いもっ！」のあとは、手でいろいろな形のおいもを表現して遊びましょう。

うさぎ　へび　だるま　ハート

> あったかお鍋でほっかほか！

Oh！な～べ

TRACK 16

具だくさんの鍋を想像しながらうたって踊れば、
体も心もぽっかぽか！

1

♪{ きょうはパーティー　なべパーティー
　パーティー　パーティー　なべパーティー
　すきなたべもの　おしえてYo！
　なんでもおなべに　いれYo！ }×2

（くり返し）♪レッツゴー！

前奏から、リズムに合わせて手拍子をしながら自由に歩き回ります。「♪いれYo！」(くり返しは「♪レッツゴー！」)で、その場にしゃがみます。

\ POINT /

● 好きな食材が出てくるたびに立ち上がってOK。
●「Oh！な～べ！」のかけ声はみんなで元気よく！

2

♪にんじん　にんじん　Oh！な～べ
（2番）♪とうふ　とうふ
きのこ　きのこ　Oh！な～べ
（2番）♪ねーぎ　ねーぎ
はくさい　はくさい　Oh！な～べ
（2番）♪しらたき　しらたき
とりにく　とりにく　Oh！な～べ
（2番）♪ぶたにく　ぶたにく

歌詞に好きな食材が出てきたら、「♪Oh！な～べ」で鍋のポーズ（両手で輪を作る）をしながら立ち上がります（にんじんが好きな人は「♪にんじん×2　Oh！な～べ」で立ち上がる）。好きな食材以外のときはしゃがみます。

40

3 ♪といたたまごと おこめをいれたら
Oh！ぞうすい！

2〜3人で組になって、両手をつないで輪になります。

4 ♪{な〜べな〜べ　な〜べな〜べ
あっちっちっちっちっ！（イェイ！）} ×2

「♪な〜べな〜べ　な〜べな〜べ」で両手を左右に大きく揺らし、「♪あっちっちっちっちっ！（イェイ！）」で、両手をつないだままその場でかけ足をします。

仲良くぺったん、おもちつき

やさしいおもちやさん

TRACK 17

ぺったん、ぺったん、おもちつきのようにリズミカルに！
人数を増やして円になって遊んでも楽しいよ！

1 ♪やさしいおもちやさん　やさしすぎて

2 ♪なかなか　おもちが　できません

左手の手のひらを上に向け、「♪や」で自分の右手をパチンと合わせます。「♪さ」で互いに右手を伸ばし、相手の左手の手のひらと合わせます。リズムに合わせて同様に繰り返します。

相手の手のひらを、くるくるとなでるようにします。

3 ♪ぺったん　ぺったん…
　　（回数は自由に）

「♪ぺったん」「♪ぺったん」のリズムに合わせて、交互に手を重ねていきます。

4 ♪（あいよっ！）

5 ♪ちょっと おてつだい

「♪（あいよっ！）」で手が一番下の人は、相手の手をたたく動作をします。相手はすばやく手を引っ込めます。

互いにおじぎをします。他の子とペアになり、❶から繰り返して遊びましょう。

\ POINT /

❸ の「♪ぺったん」の回数は自由に変えてメリハリをつけましょう。
❹ の「♪（あいよっ！）」まで間を空けるなど、フェイントをかけても楽しい！

いろんな料理に変身だ！

かぼちゃのメニュー

TRACK 18

冬至の食べ物、かぼちゃ。ほくほくの煮物や、さくさくコロッケ…。
甘くておいしいメニューを思い浮かべながら元気に踊って、冬の寒さを吹き飛ばそう！

① ♪かぼちゃのメニュー おしえてあげる

足を肩幅に開いて、両手でかぼちゃを抱えるような格好をします（かぼちゃのポーズ）。そのまま両手を左右に揺らします。

② ♪チャチャかぼちゃ かぼちゃの

「♪チャチャ」で、2回手拍子をして、「♪かぼちゃ」で、❶の「かぼちゃのポーズ」をして止まります。「♪かぼちゃの」も同様に繰り返します。

③ ♪にもの
- 2番 ♪スープ
- 3番 ♪コロッケ

❶と同様にします。

④ ♪チャチャ

「♪チャ」で、1回手拍子をして、次の「♪チャ」で、両手を顔の横でパーにします。

❺ ♪ほくほく　にもの　ほくほく　にもの
　　あまくておいしい　これもかぼちゃなのだ

「♪ほくほく　にもの」で、両手はパーのまま、両脇を閉じたり開いたりしながら、その場を一周します。次の「♪ほくほく　にもの」は反対回りに一周します。「♪あまくて〜」以降も同様に繰り返します。

2番 ＊❶〜❹を繰り返したあと

❻ ♪ごくごく　スープ　ごくごく　スープ
　　からだがあたたまる　これも　かぼちゃなのだ

「♪ごくごく　スープ」で、右を向き、おわんを口に運ぶように両手を上げ下げしながら、右膝もいっしょに上げ下げします。次の「♪ごくごく　スープ」は左を向いて同様に。「♪からだが〜」以降も同様に繰り返します。

3番 ＊❶〜❹を繰り返したあと

❼
♪さくさく　コロッケ
さくさく　コロッケ
あつあつおいしい　これも
かぼちゃなのだ×2

❽ ー（休符）

「♪さくさく　コロッケ」で、包丁でコロッケを切るように両手を左右交互に上下させながら、体の向きを右から左へ変えていきます。次の「♪さくさく　コロッケ」は体の向きを左から右へ。「♪あつあつ〜」以降も同様に繰り返します。

休符（ー）で、「**かぼちゃのポーズ**」で止まります。

かぼちゃのメニュー

作詞・作曲／小沢かづと
編曲／本田洋一郎

春の七草、言えるかな？

七草リズム

TRACK 19

「春の七草」を盛り込んだリズム遊び！
音の数に合わせて手拍子をして、七草も覚えちゃおう。

1 ♪せり　なずな

右手の平で、
　①左手の平
　②左手の肘（の内側）
　③左肩
を順にたたきます。

2 ♪ごぎょう　はこべら

左手の平で、
　①右手の平
　②右手の肘（の内側）
　③右肩
を順にたたきます。

❸ ♪ほとけのざ

両手で頭を2回、
腕をクロスさせて肩を2回、
ポンポーンとたたきます。

❹ ♪すずな　すずしろ

両手でひざを2回、
胸の前で手を1回合わせます。

❺ ♪ななくさ　リズムにのって　てをたたけ　はるをうたえ

❶〜❹を繰り返す。

• 音数遊びを、リズムよく楽しもう！•

6 ♪せり（せり）　なずな（なずな）　ごぎょう（ごぎょう）　はこべら（はこべら）イェーイ！
　　2番　♪ほとけのざ（ほとけのざ）　すずな（すずな）　すずしろ（すずしろ）イェーイ！

拍の数だけ手をたたこう。

七草リズム

作詞・作曲／小沢かづと
編曲／本田洋一郎

節分には、えほうまき

ぱっくん！えほうまき

TRACK 20

節分の行事食「恵方巻き」をテーマにした曲。
フラメンコ風の音楽に合わせてノリノリで踊って、たくさんの福を呼び込んじゃおう！

1 ♪えほうまき　しあわせはこぶ　えほうまき

両方の手のひらを下に向け、胸の高さに構えます（**A**）。「♪**えほうま**」で、右足を斜め前に踏み出しながら両腕も右斜め前に伸ばし（**B**）、「♪**き**」で**A**の姿勢に戻ります。「♪**しあわせはこぶ**」は同様の動作を左方向で、「♪**えほうまき**」は再び右方向で行います。

2 ♪つくろう

「♪**つく**」で右腕を斜め上に伸ばし、左手をグーにして右腕の手首から二の腕に向かって滑らせます（腕まくりのイメージ）。「♪**ろう**」は同様の動作を反対方向で行います。

3 ♪まいてまいてまいて（×2）　のこらず　ぜんぶ

腰を左右に振りながら、両手でかいぐりをします。ここから曲のテンポが速くなるので、軽快なリズムに乗って動きましょう。

4 ♪まいて まいて

「♪まいて」で、軽くジャンプしながら右手を前方にさし出し、左手は腰に当てます。次の「♪まいて」は同様の動作を反対方向で行います。

5 ♪くるくるくるくる（×3） まいて まいて

「♪くるくる…」は、両手でかいぐりをしながら立ったりしゃがんだりを繰り返します。「♪まいて まいて」は❹と同様にします。

6 ♪くるくるくるくる（×3） まいて まいて

「♪くるくる…」は、右手をグーにして振り回しながら腰も大きく回します。左手は腰に当てます。「♪まいて まいて」は❹と同様にします。

7 ♪とうざいなんぼく えほうをむいて

両腕を左右に水平に伸ばし、その場で回ります。

51

8 ♪おおきなくちで　かぶりつけ！

「♪おおきなくちで」で、顔の前に両手で輪を作り（恵方巻きのイメージ）、「♪かぶりつけ！」で、徐々にしゃがんで立て膝をします。

9 ♪ぱっくん！

軽くジャンプしながら、両手を頭上でパチンと合わせます。

ぱっくん！えほうまき

作詞・作曲／小沢かづと
編曲／本田洋一郎

ひなまつりには、ちらしずし

ちらしずし音頭

TRACK 21

マグロにきゅうりにたまごやき、
色とりどりの具になった気分でにぎやかに踊ってね。

---

1 ♪（前奏）

リズムに合わせて「パパンのパン　パパンのパン…」と、盆踊り風の手拍子をします。

2 ♪あー すし！　すし！

「♪すし！」で「パパン」と手拍子をし、次の「♪すし！」は両手を左右に広げながら、右足で斜め前方へ軽く跳びます。

3 ♪ちらしずし

足を戻し、「♪ちら」で右手の、「♪しず」で左手の肘を曲げて両手を胸の前でクロスし、「♪し」で両手を上に広げます。

4 ♪あーすき！ すき！ ちらしずし あーすし！ すし！ ちらしずし

「♪あーすき！ すき！」は ❷ の動作を左方向で行い、「♪ちらしずし」は ❸ と同様にします。続く「♪あーすし！ すし！ ちらしずし」は ❷〜❸ と同様にします。

5 ♪ぐだくさんだね ちらしずし

「♪ぐだくさんだね」は両手を上に広げたまま、その場で回ります。「♪ちらしずし」は ❸ と同様にします。

6 ♪（間奏）

「パパンのパン…」と手拍子をしながら足踏みをします。

53

7 ♪すめしのうえに ちらばった

右手の人さし指を立て、指さしをするように上下に揺らしながら、右から左へと動かします。左手は腰に当てます。

8 ♪マグロときゅうりと たまごやき
（2番）♪あかや みどりやきいろ

「♪マグロと」で両手を左上に伸ばし、右足を軽く前へ出します。「♪きゅうりと」で両手は右下へ、右足も戻します。指先を追うように視線も動かします。「♪たまごやき」は同様の動作を反対方向で行います。

9 ♪そだった かんきょう ちがうのに こりゃ
（2番）♪それぞれ いろが ちがうけど こりゃ

⑦と同様にします。

10 ♪たまげた おいしい ハーモニー
（2番）♪すめしの キャンバス カラフルルー

「♪たま」で両手と片足を上げ（驚いているイメージ）、「♪げた」で下ろします。「♪おいしい…」以降、同様の動作を左右交互に繰り返します。

11 ♪マグロは スィー

「♪マグロは」は「パパン」と手拍子をし、「♪スィー」でやや横を向き、両手を前後に伸ばして揺らします（泳ぐマグロのイメージ）。

12 ♪きゅうりは シャキ

「♪きゅうりは」は手拍子をし、「♪シャキ」で両手の手のひらを合わせたまま、まっすぐ上に伸ばします（きゅうりのイメージ）。

⑬ ♪たまごはふわっと

「♪たまごは」は手拍子をし、「♪ふわっと」で両手で丸を描くようにして、ふんわりした形を表します（たまごやきのイメージ）。

⑭ ♪すめしがグー }×2

「♪すめしが」は手拍子をし、「♪グー」で両手の親指を立てながら、片足を上げます。

\ POINT /

1番のあとの間奏は①と同じ振り付けで踊ります。

2番のあとは、音楽に合わせて②〜⑤と同じ振り付けで踊ります。

ちらしずし音頭

作詞・作曲／小沢かづと
編曲／本田洋一郎

小沢かづと（おざわ・かづと）

1980年生まれ。保育士を経て、保育専門学校の教員としてイベント事業・子育て支援事業に携わるかたわら、うたや遊びの創作活動を開始。公園や駅前などで絵本の読み聞かせやストリートライブを実施し、子どもたちと触れ合う。2009年に"シンガーソングあそびライター"としてデビューし、全国の保育園や幼稚園での講習会やワークショップ、あそび歌ライブ、保育雑誌への執筆など、多方面で活躍中。CDに『小沢かづとのシンプル！楽しい！あそビバ☆スペシャル〜ゆびにんじゃ〜』、『ドアがひらきます体操〜あそびソング＆あそびカフェ〜 CD+DVD』(共にキングレコード)などがある。

STAFF

カバー・本文イラスト	ユカリンゴ
カバー・本文デザイン	島村千代子
楽譜浄書	株式会社クラフトーン
音源制作	
作詞・作曲	小沢かづと
編曲・録音	本田洋一郎
歌	小沢かづと、本田洋一郎
コーラス	こたろう、まおん
制作協力	いはっち
CD製作	株式会社ケーエヌコーポレーションジャパン
本文校正	有限会社くすのき舎
編集	石山哲郎

ポットブックス
小沢かづとの おいしいあそびうた CD BOOK

2018年6月　初版第1刷発行

著　者　小沢かづと
発行人　村野芳雄
編集人　西岡育子
発行所　株式会社チャイルド本社
　　　　〒112-8512　東京都文京区小石川5-24-21
　電話　☎03-3813-2141（営業）
　　　　☎03-3813-9445（編集）
　振替　00100-4-38410
印刷・製本　図書印刷株式会社

© Kazuto Ozawa 2018　Printed in Japan
ISBN978-4-8054-0273-3
NDC376　21×19cm　56P

■ 乱丁・落丁本はお取り替えいたします。
■ 本書の内容の一部あるいは全部を無断で複写複製することは、法律で認められた場合を除き、著作権者及び出版社の権利の侵害となりますので、その場合は予め小社宛て許諾を求めてください。

◆ チャイルド本社ホームページアドレス
　http://www.childbook.co.jp
チャイルドブックや保育図書の情報が盛りだくさん。
どうぞご利用ください。